DESCRIPTION

HISTORIQUE

DE L'ÉGLISE

DE NOTRE-DAME

DE L'ÉPINE,

près de Châlons-sur-Marne,

Par POVILLON-PIÉRARD, de Reims.

A CHAALONS,

DE L'IMPRIMERIE DE BONIEZ-LAMBERT,

RUE D'ORFEUIL, N.º 16.

—

1825.

DESCRIPTION

HISTORIQUE

DE L'ÉGLISE DE NOTRE-DAME DE L'ÉPINE,

près de Châlons-sur-Marne,

DÉDIÉE à M. le Baron de JESSAINT, Préfet du Département de la Marne, Commandeur de l'Ordre royal
de la Légion d'honneur, et de l'Ordre de Ste-Anne
de Russie,

*PAR Étienne-François-Xav. POVILLON-PIÉRARD,
Rémois, Membre correspondant de la Société d'A-
griculture, Commerce, Sciences et Arts de Châlons-
sur-Marne.*

Le temps fuit; il détruit et dévore :
hâtons-nous de lui ravir quelque chose.

PARMI les monumens du moyen âge qui subsistent
encore dans le département de la Marne et aux en-
virons de la ville de Châlons, chef-lieu de ce département, la belle église de l'Épine, qui n'est éloignée
de cette ville que de deux lieues, est un de ceux qui
m'ont paru les plus dignes de fixer l'attention des
artistes et des amateurs, de ceux qui font de l'ar-
chéologie leur étude particulière. Comme ce village
est situé sur la route qui conduit de Châlons à Strasbourg par Metz, et que, par cette raison, l'église
est souvent visitée par les voyageurs, j'ai pensé qu'il
était utile d'en essayer la description historique, sa-
chant bien que, jusqu'à ce jour, on ne s'était occupé

que de la statistique de l'endroit et de l'histoire de l'origine du monument, sans le faire connaître sous le double rapport de son architecture et de ses sculptures.

Trop heureux si j'ai pu réussir à décrire utilement un monument qui, s'il n'est pas à la vérité aussi célèbre dans l'histoire des arts que la magnifique basilique métropolitaine de Notre-Dame de Reims (1), n'en est pas moins digne d'y occuper une place distinguée, tant à cause de sa belle architecture que par rapport aux différens traits historiques qui, en même temps qu'ils en relèvent si dignement l'origine, ajoutent encore à l'intérêt qu'il nous offre dans un âge où le temps semble nous menacer de l'enlever à notre amour et à notre admiration, en détachant, chaque année, des parties précieuses qui, négligées dans leur restauration, n'en feraient plus tôt ou tard qu'un monument déplorable, dont les dégradations accuseraient hautement l'indifférence; j'ose dire plus encore, la barbarie d'un siècle aujourd'hui restaurateur de la religion, de la légitimité monarchique et des beaux-arts.

Si cet essai, tel que je puis le donner, plaît à mes contemporains, il aura nécessairement l'avantage d'ajouter au mérite et à l'intérêt des savantes notices historiques sur les villages de Courtisols et de l'Épine, et sur l'église même de ce dernier endroit, publiées dans l'Annuaire du département de la Marne, de l'an 1813; de sorte qu'en le rattachant à ces productions utiles, comme j'ai eu soin de le faire dans cette première

---

(1) On vient de publier, à Reims, cette année, une description de cette église, sous le titre de *Description historique de l'église métropolitaine de Notre-Dame de Reims, rédigée et mise en ordre par M. Povillon-Piérard, de Reims.* Le format du volume est in-8.° Il se vend aussi, avec le volume, chez Mme veuve Seure-Moreau, rue de la Poissonnerie, une très-belle gravure au burin du portail de l'édifice, format in-4.° : elle fut exécutée à Paris, par un célèbre artiste de cette capitale, M. Thierry père.

(5)

description (1), on pourra le regarder comme un supplément qui manquait jusqu'alors aux studieuses recherches de M. Normand, digne membre de l'Académie de Châlons (2); et c'est ce supplément que je me propose de donner comme l'imitateur de son zèle plutôt que de son mérite.

Ami des sciences et des arts, plein de zèle pour la maison du Seigneur, et de respect autant que d'attachement pour la religion, je veux faire admirer les beautés en architecture et en sculptures du monument que je vais visiter, étudier et décrire tout-à-la-fois.

Les preuves de l'histoire, jointes à la description et à l'explication des différentes parties de l'édifice, en compléteront le tableau; et le papier, en le reproduisant avec fidélité et tout au naturel, le sauvera ingénieusement de la dent du temps.

Tout le monde connaît le prodige qui a donné naissance à l'église de Notre-Dame de l'Épine, qui fait l'admiration de tous ceux qui la voient, et qui, pour la campagne, est un des plus beaux vaisseaux de la France. Une des sculptures du grand portail et un des vitraux du rond-point de l'église nous l'apprennent :

---

(1) La description de l'église de Notre-Dame de l'Epine a été adressée d'abord sous le titre de *Lettre*, à M. le Baron de Jessaint, par M. Povillon-Piérard, de Reims, en 1821, et insérée dans l'Annuaire du département de la Marne, de l'an 1822. Celle-ci, revue et retouchée par l'auteur, est une description historique de l'édifice, à laquelle il a été ajouté quelques particularités remarquables, par rapport à sa restauration intérieure. (*Note de l'auteur*, *en* 1824).

(2) Les premiers fondemens de l'Académie de Châlons ont été jetés en l'année 1758. Connue alors sous le titre de Société littéraire, elle a commencé ses séances particulières en 1753, avec la permission du Roi. Au mois d'août 1775, le Roi accorda ses lettres-patentes qui l'érigèrent en Académie des Sciences, Arts et Belles-Lettres. Ses travaux suspendus pendant l'orage de la révolution, reprirent en l'année 1797 (*Note de l'auteur*).

les offrandes considérables qu'il occasionna et qui servirent d'abord pour commencer cet édifice ; les libéralités de Charles VII et de Louis XI ; celles même de la ville de Châlons, sont autant de monumens historiques qui se trouvent sculptés sur la pierre et peints sur les vitraux de ce même édifice, visité aussi dans les derniers siècles par la pieuse curiosité de nos Rois, princes et princesses, et surtout d'un très-grand nombre de fidèles qui contribuèrent, de leurs libéralités, à sa construction et à son achèvement (1). Hâtons-nous de le prouver dans cette description.

Le Portail et les Tours.

Le Portail est remarquable par trois vestibules qui servent d'entrée à l'église. Le plus grand est construit à

____

(1) Suivant la tradition, l'église commençant à être en état d'y célébrer les Saints Mystères, par la diligence des ouvriers et l'entremise de ceux qui en avaient la conduite ; alors Pierre Robert, religieux de l'abbaye de Toussaints de Châlons, qui était en ce temps-là prieur et curé de Melette, bénéfice qui dépendait de cette abbaye, demanda la translation de l'église de Melette en celle de l'Epine nouvellement bâtie. Il fut d'autant mieux fondé dans sa demande, que la plus grande partie, même la meilleure des habitans de Melette avaient quitté leur domicile pour venir s'établir et demeurer à l'Epine ; ce qui fut cause que le village de Melette devint désert et abandonné ; l'Epine, au contraire, fut peuplé et habité. Ce religieux représenta que son église avait des fonds et des ornemens, et qu'avec la permission des supérieurs et du Saint-Siège, on pourrait les transférer à l'Epine ; ce qui fut accordé. Cette translation se fit en vertu d'une bulle du pape Pie II, en 1459. Ainsi l'Epine, qui n'était auparavant qu'un petit secours de Melette, devint la principale église, à condition toutefois que le curé de l'Epine irait tous les ans à Pâques, chanter la messe et les vêpres, comme aussi le jour de la fête de saint Léger, qui en était le patron : ce qui a subsisté tant que l'église et le village de Melette, qui n'est plus aujourd'hui reconnaissable que par une belle ferme, ont subsisté eux-mêmes. (*Chronologie des évêques de Châlons, Manuscrit de 1659.*

deux battans, mais les deux autres n'en ont qu'un. De côté et d'autre de chaque vestibule, sont de grandes figures représentant des prophètes et des saints de l'ancien et du nouveau testament, parmi lesquels on remarque la figure de David assis et pinçant la harpe, et celle de sainte Cécile, touchant de l'orgue.

Sur le trumeau du vestibule de la principale porte d'entrée est placée la statue de la sainte Vierge, tenant son fils Jésus sur ses bras.

Au-dessus de ce trumeau et de la traversée est une grande sculpture représentant en plusieurs images l'histoire de la naissance de Jésus-Christ, et celle de la découverte miraculeuse de la statue de la sainte Vierge dans un buisson ardent, à l'endroit même où est bâtie l'église que je décris.

On reconnaît aisément la première histoire qui se voit à gauche du spectateur, par la figure de la sainte Vierge couchée dans un lit, élevant dans ses mains son fils Jésus nouvellement né, qu'elle semble montrer avec un saint orgueil aux hommes, comme pour leur faire voir que ce fruit de ses chastes entrailles est leur Dieu, leur Roi et leur Sauveur ; à côté de cette divine et bienheureuse Mère de l'Enfant-Dieu est saint Joseph, époux de Marie et père putatif et nourricier de l'enfant. Sur le second plan de cette histoire on aperçoit une étable fermée d'une cloison, au haut de laquelle paraissent les têtes d'un âne et d'un bœuf, animaux parmi lesquels le Dieu du ciel et de la terre a voulu naître pauvre et souffrant. Au-dessus de ce sujet, et dans le même tableau, est un soleil rayonnant, symbole du vrai soleil de justice, Jésus-Christ lui-même, venant dans le monde pour y éclairer toutes les nations ensevelies dans les ténèbres de l'idolâtrie. Sur la droite du spectateur, et à côté de cette naissance, est la lune dans son plein et sans nuages, et au-dessous sont des figures d'anges tenant des légendes déroulées ; c'est le chant du *Gloria in excelsis,* hymne que les anges du ciel firent entendre dans les airs aux bergers qui passaient la nuit dans les champs, veillant à la garde de leurs troupeaux, et auxquels ils annoncèrent aussi la naissance du Roi des Rois. La lune semble présider à ce sujet, pour marquer que ce fut dans une nuit d'hiver que naquit Jésus-Christ à Béthléem, en Judée. En revenant à gauche, et au-dessous du premier sujet, est un chœur de bergers célébrant la naissance du Fils de Dieu, et venant à sa crèche lui rendre leurs hommages et l'adorer comme leur Dieu et leur Roi.

Plus bas encore que ce sujet, Marie, mère de Jésus-Christ, est dans un appareil de gloire ; des groupes de figures paraissent implorer sa puissante intercession auprès de son divin fils, afin d'en obtenir le pardon de leurs fautes, et l'héritage du Ciel. C'est le dogme de l'invocation des Saints, dont le culte est établi par l'Église romaine depuis le commencement du cinquième siècle.

Enfin est placée, à droite du spectateur et au-dessous du chœur d'anges annonçant aux bergers la naissance du Christ, la seconde histoire, celle de la découverte miraculeuse d'une image en pierre de la sainte Vierge tenant son divin fils dans ses bras, dans un buisson d'épines, qui était proche du village de Courtisols, par des bergers de ce canton. Néanmoins cette scène est à moitié représentée par l'artiste, qui a vraisemblablement partagé son sujet en deux sculptures, puisque sur celle-ci on voit seulement une monticule au pied de laquelle des brebis paraissent courir çà et là, comme si elles en étaient chassées par la vue de quelque objet effrayant, tandis que, vers la sommité, de faibles agneaux montent paisiblement comme vers un lieu de sûreté où ils sont attirés par un instinct tout contraire.

Ni le buisson, ni la figure de la Vierge ne se voient
sur la monticule où sont les agneaux ; c'est sans doute
le beau du miracle qui se trouve exprimé dans la sculpture où nous avons vu cette Vierge dans sa gloire, et
invoquée par des petites figures qui ne peuvent représenter ici que les bergers qui, imitant leurs timides
agneaux, s'approchèrent du buisson ardent, à cause
de l'image de Marie tenant son fils Jésus, qui s'y trouvait cachée par une aventure toute miraculeuse, et
l'y adorèrent.

De quelque côté que les esprits forts ou les incré-
dules prennent ce miracle si bien avéré par l'histoire
du temps, si l'on ne peut réussir à les convaincre de
son authenticité, on a du moins la satisfaction de le
leur présenter dans un point de vue moral dont ils ne
pourront se choquer, quelque faible idée qu'ils aient
du christianisme.

Ce buisson, dont il s'agit, est une vive image de la
montagne d'Horeb sur laquelle Dieu apparut à Moyse
dans un buisson ardent qui ne se consumait pas ; figure
de ce qui arrive aux véritables élus affligés en ce monde,
mais qui se conservent et deviennent plus purs et plus
éclatans, parce qu'ils ont Dieu au milieu d'eux, et dont
la sainte Vierge est elle-même ici une copie fidèle. Les
brebis fuyant le buisson miraculeux sont l'emblême de
ces anciens pécheurs qui, bien que suffisamment instruits
dans la foi évangélique, en fuient la lumière éclatante
dont Dieu veut les éclairer, quoiqu'il leur commande
d'en approcher ; tandis que les agneaux représentent,
au contraire, les fidèles les plus faibles et les moins
instruits qui soupirent après la connaissance de cette
lumière, symbole consolant de la lumière inaccessible
et éternelle de la Divinité dont brillent les élus dans
le ciel. Quant aux bergers, ils ont une ressemblance
frappante avec Moyse menant son troupeau dans le lieu
le plus retiré vers la montagne d'Horeb, où Dieu lui

apparut ainsi dans sa gloire. Comme Moyse, ils veulent voir de plus près la merveille qui les attire vers le buisson : comme lui ils tombent évanouis ; mais, plus heureux que lui, ils reviennent de leur faiblesse, et ils voient, dans cet état de lumière, Dieu lui-même enveloppant de sa splendeur l'image de la mère de son cher Fils ; c'est ce qui les fait regarder, dans leur vocation, comme une figure des véritables pasteurs de l'église de Jésus-Christ, sur lesquels sa divine lumière se réfléchit, et dans lesquels elle pénètre avec force, pour se reproduire ensuite chez les peuples appelés à la connaissance de l'évangile.

Revenons à notre description.

Sur la travée, au-dessus de laquelle sont les sculptures que je viens de décrire, on remarque les beaux sujets de la mort et de la résurrection de l'Homme-Dieu, qui a satisfait pour les iniquités des hommes, et qui a ouvert à ceux de bonne volonté le séjour des récompenses éternelles.

De gauche à droite, nous le voyons d'abord portant sa croix, instrument du sacrifice unique qu'il a offert pour nous à Dieu son père. Dans cet appareil d'humiliation et de souffrances, ne semble-t-il pas bien nous dire : *Celui qui m'aime me suit, et celui qui ne porte pas sa croix avec moi n'est point digne de moi.* (Math. chap. 10.)

Il consomme enfin son sacrifice sur l'arbre de la croix, où il expire dans les plus cruelles douleurs.

Nous le voyons bientôt après, et au milieu même de cette travée, ressusciter glorieux de son tombeau, portant le signe de la rédemption des hommes qu'il a opérée au prix de tout son sang, et les gardes apostés par le prince des prêtres, autour de ce tombeau, paraissent ici renversés de frayeur, à la vue de la majesté rayonnante de l'Homme-Dieu, vainqueur de la mort et du péché.

C'est cette seconde idée qui fait le fondement de notre espérance en une vie meilleure et éternelle, que nous voyons se réaliser dans une dernière sculpture représentant la gueule d'un énorme dragon, d'où sortent en foule de petites figures. Le dragon ne signifie ici autre chose que le gouffre de l'enfer, dans lequel les péchés, qui sont l'aiguillon de la mort, ont précipité tous les hommes représentés par ces figures qui s'empressent d'en sortir, ou plutôt que ce monstre est forcé lui-même de rendre à la vie, parce que *Jésus-Christ étant ressuscité d'entre les morts ne mourra plus, et que sa résurrection, qui doit être le modèle de la nôtre, nous a affranchis du péché et de la mort éternelle* (S. Paul aux Romains, chap. 6), si, mourant chaque jour au péché, nous ne vivons plus que pour Dieu en ce divin Sauveur. C'est, à proprement parler, le dogme de la résurrection générale des corps et la béatification des ames, prouvée par celle de Jésus-Christ se ressuscitant lui-même, et entrant ainsi dans sa gloire.

Ceux qui ont donné au sculpteur les histoires qu'il a exécutées sur ce portail, n'ont pas oublié une des preuves les plus irréfragables de la résurrection de Jésus-Christ; je veux parler de celle de son apparition à deux de ses disciples allant à un bourg nommé Emmaüs, éloigné de soixante stades de Jérusalem. Les trois figures mutilées qui se voient entre la résurrection du Sauveur et l'énorme dragon figurant l'enfer vomissant sa proie, sont, à n'en point douter, le sujet de cette apparition qu'on a eue en vue dans la sculpture de ce groupe.

Sur la travée du vestibule qui est à la droite du spectateur, est une sculpture représentant, en une seule image, le martyre de saint Sébastien, natif de Narbonne et soldat de Dioclétien en 285; lequel, reconnu chrétien, fut condamné par ce prince à être attaché à un poteau où il fut percé de flèches. Je ne m'épuiserai pas en conjectures pour persuader le lecteur, de l'intention particulière que l'on a eue dans la représentation de ce martyre. A-t-on voulu nous donner le Saint comme un double modèle d'obéissance dans le service de Dieu et des princes du monde dont ils sont l'image sur la terre? ou bien a-t-on voulu consacrer à la postérité chrétienne, le double martyre que Sébastien souffrit sous le même prince et pour la même foi? Ne serait-on pas fondé à croire aussi qu'on désirât perpétuer l'origine du culte public dont la ville de Rome l'honora dès le septième siècle, en l'invoquant avec ferveur dans un temps de peste affreuse, dont cette capitale du monde chrétien fut délivrée par son intercession, afin d'exciter à l'avenir les chrétiens à imiter sa foi, ses œuvres de charité envers ses frères, son obéissance au prince, et son courage à souffrir deux fois pour Jésus-Christ, et comme soldat et comme chrétien? Si ces conjectures ne sont pas très-probables, du moins le lecteur les trouvera-t-il plausibles.

Cet admirable modèle d'héroïsme chrétien, ne s'accorde-t-il pas bien, pour ainsi dire, avec le sujet par excellence, le premier, le plus noble et le plus efficace qui se voit sculpté sur la travée du vestibule, à gauche du spectateur; sujet qui précède alors nécessairement celui dont nous venons de parler? C'est la mort de Jésus-Christ en croix; il est accompagné, à droite et à gauche de sa sainte Mère et de saint Jean son disciple bien-aimé. Cette scène sanglante et très-douloureuse, la dernière de la passion du Sauveur, exprime l'instant où voyant sa mère, et auprès d'elle le disciple qu'il aimait, dit à Marie : *Femme, voilà votre fils,* et au disciple : *Voilà votre mère* (S. Jean, chap. 19.). Testament admirable et à la fois consolant, qui fit de la sainte Vierge la mère des chrétiens dont le disciple bien-aimé de Jésus-Christ est ici la figure.

Toutes ces figures sont parfaitement bien conservées, étant sous des arcades surmontées chacune d'une pyramide assez élégamment construite, et dont celle du milieu, qui est la plus haute et la plus large, porte la figure de Jésus-Christ en croix. Ces trois pyramides sont traversées par des galeries en pierre, ouvragées tout à jour, et dans toute cette partie sont diverses figures de bêtes servant de gouttières aux eaux pluviales ; et, en particulier, de deux figures d'homme et de femme ayant un costume religieux. Celle à droite a les yeux fixés sur un livre qu'elle tient ouvert ; c'est l'amour de l'instruction chrétienne. Celle à gauche joint les mains ; c'est la prière et la méditation. Ces deux sculptures, par leur position qui est la même, paraissent être des gouttières ; mais à les regarder avec attention, elles ne servent point à l'écoulement des eaux pluviales du portail ; elles en sont plutôt un simple ornement mis en parallèle avec les figures-gouttières.

Plus haut, et au milieu du principal corps de cette masse d'édifice de belle apparence, se présente une grande rose assez bien exécutée, mais sans être pourtant d'un travail recherché. Le pignon ne s'élève pas en pyramide comme ceux des autres églises qui ont une architecture distinguée ; il semble, au contraire, être replié vers son extrémité, et n'offre aucun dessin agréable, quoique cette partie en soit susceptible. On se propose, dans la restauration du monument, d'y substituer une légère galerie à jour, portant au milieu le chiffre de la très-sainte Vierge, ce qui ferait un meilleur effet.

Sur cette même grande masse s'élève deux tours d'une belle structure, inégales dans leur élévation, et dont le dessin varie dans les formes et dans les ornemens. Elles se composent de portiques, de verrières, d'arcades caves ornées de figures en pierre, comme celles que nous venons de décrire et expliquer. Et au-dessus des

galeries de pierre tout à jour qui traversent la largeur
du portail, sont des grandes fenêtres ouvragées avec
art, mais bouchées ; celles au-dessus sont ouvertes, et
c'est par-là que le son des cloches s'échappe de la tour
où elles sont placées. Je dois observer ici, en passant,
que de toutes les cloches magnifiques que la ville de
Verdun donna à l'église de Notre-Dame de l'Épine (1),
il n'en n'est plus resté qu'une dont l'harmonie et le ton
sont fort beaux ; c'est pourtant dommage que ces belles
lucarnes des tours soient trop fermées par de petits
toits qui garantissent des eaux pluviales la charpente
qui y est placée, le son des cloches en serait plus beau,
plus harmonieux et plus éclatant (2).

L'une de ces deux tours se termine par une galerie à
jour, qui lui sert de couronnement ; c'est celle du nord,
qui fut achevée avec la nef en moins de dix ans. Elle
avait une belle flèche en pierre, qui fut démolie à la fin
du dix-huitième siècle, pour la remplacer par un télégraphe. Ceux qui ont pu admirer cette flèche avant sa
destruction, avouent qu'elle était plus délicate, mais
bien moins élevée que celle de la tour méridionale qui
subsiste.

En parlant de la démolition de cette flèche, je ne
puis m'empêcher d'accuser notre gouvernement d'alors
de vandalisme. En effet, pourquoi avoir défiguré aussi
mal-à-propos l'une des tours de ce beau portail, pour y
placer une machine qui pouvait avoir ailleurs une desti-
nation aussi favorable pour l'élévation, que celle de la

---

(1) Beaugier, dans ses Mémoires historiques de Champagne, t. 1,
dit que cette sonnerie fut un présent du duc de Lorraine.

(2) Cette belle cloche ayant été malheureusement cassée en la
sonnant, depuis la publication de cette description dans l'Annuaire
du département de la Marne, de l'an 1822, elle n'a pas encore été
refondue ; c'est ce qui prive la paroisse d'une sonnerie si nécessaire pour les assemblées religieuses dans le temple du Seigneur.
(*Note de l'Auteur.*)

tour qu'on lui a préférée? Mais c'était le siècle de la
spoliation et de la destruction des temples du Seigneur;
siècle où nous les avons vus tomber sous la main des
chrétiens eux-mêmes, et de cette bande d'impitoyables
niveleurs qui n'avaient jamais connu la religion que de
nom, et qui jamais aussi n'avaient eu le goût ni l'amour
des beaux-arts (1). Il ne nous reste donc plus qu'à admirer la flèche qui surmonte la tour méridionale, plus
haute que celle dont je viens de parler; et c'est par ce
beau morceau que je vais terminer la description du
portail de notre église.

Pour connaître le motif qui a porté l'artiste à construire cette tour avec sa flèche, et plus élevée et diffé-
remment sculptée que l'autre, il faut recourir à l'histoire
de la construction de tout l'édifice, depuis son commencement, et c'est ce qu'il est facile d'apprendre. Nous
lisons, dans les mémoires de l'entreprise de ce bel édifice, qu'un nommé Patrice, habile architecte, anglais
de nation, ayant appris qu'on voulait bâtir une église
auprès de Châlons-sur-Marne, se présenta et en donna
le dessin qui fut exécuté et suivi. La conduite de cette
entreprise lui ayant été confiée, il s'obligea, par un
traité, de construire les deux grosses tours, moyennant
la somme de six cents livres pour ses soins seulement,
et pour caution de laquelle il donna deux bourgeois de
Châlons. Mais cet artiste, à qui l'on avait confié l'argent
pour payer les ouvriers et les matériaux qu'on em-
ployait pour cet édifice, craignant les grands troubles
que causait la guerre continuelle (2) qui désolait le

---

(1) M. le Préfet de la Marne, ami et protecteur des sciences
et des arts, ayant goûté cette observation, a aussitôt conçu le projet
de substituer au télégraphe la flèche qui subsistait, et l'endroit où
cette machine d'une très grande utilité doit être transférée, est
déjà choisi. (*Note de l'Auteur,* 1824.)

(2) En 1429, le roi Charles vii vint en Champagne dans le dessein
d'assiéger Troyes; mais les Anglais ne l'y attendirent pas. Le roi

royaume, prit la fuite et emporta cet argent. Charles VII,
informé des assignations qui se faisaient à ce sujet entre
les marguillers et les habitans des villages de Melette
et de Courtisols, et les deux bourgeois de Châlons qui
s'étaient rendus caution, déchargea ces deux derniers
par lettres-patentes, à cause, disent les lettres, *de la
force majeure*. Alors ce monarque fit présent d'une
somme considérable qui fut aussitôt employée à achever
les deux clochers, n'y ayant que les deux tours de faites;
ou, selon d'autres, à construire la seconde tour du côté
du midi, que l'on fit plus haute que la première élevée
par Patrice. Cette tour, dont les lucarnes et les verrières n'ont pas le même dessin de sculpture en beaucoup d'endroits, est surmontée d'une pyramide à jour,
se composant de six consoles ou branchages en pierre
bien ouvragés de feuillages, partant du sommet de la
tour d'où elles semblent se dérouler, et se réunissant
vers leur sommité par un bouquet de pierre sur lequel
est posée la boule qui porte la croix surmontée d'un
coq qui en termine toute la hauteur. La partie inférieure,
qui sert de base à ces consoles, est recouverte tout au
tour, et entre chaque console, d'une sculpture en pierre
travaillée à jour et en forme de calotte ou cassolette
faisant un bel effet. Ces sculptures, faites autant pour
donner de la solidité aux consoles que pour servir d'ornement à la flèche, ont vraisemblablement servi de
modèle à l'architecte qui a construit les belles flèches
ou pyramides en pierre des deux tours de l'église de
Saint-Étienne de Châlons, élevées, en 1668, aux frais
de M. Félix Vialart de Herse, troisième du nom,
évêque de cette ville, sous le règne de Louis XIV, et
reconstruites aujourd'hui à neuf, en 1821, par les
soins et sous la magistrature de M. le Baron de Jessaint,

----

vint ensuite à Châlons pour aller à Reims se faire sacrer, et c'est
à cette occasion que Patrice prit la fuite.

préfet du département de la Marne, sous le règne de
Louis XVIII ; car la ressemblance de ces mêmes sculptures sur les tours de l'une et de l'autre église est frappante. Le principal ornement de la flèche de l'Épine est
une couronne royale qui en relève autant la beauté
qu'elle lui donne de solidité vers le milieu de son élévation. Cette sorte de monument, à la fois religieux et
patriotique, est ici une marque de la protection du roi
Charles VII, à la générosité duquel est dû l'achèvement
de tout l'édifice, tel qu'on le voit maintenant ; ce prince
ayant donné ses soins à ce que les plans en fussent exé-
cutés ; ce qui fut cause que tout fut fini en 1529, par
l'entremise et sous la conduite d'un maçon nommé Antoine Guichard. Il manque à la plate-forme de cette tour
une galerie semblable à celle de la tour où est le télégraphe ; nous pensons à cet égard qu'Antoine Guichard,
qui a succédé à Patrice dans l'achèvement de l'édifice,
a eu des raisons pour ne point couronner de la même
manière la tour qu'il a élevée lui-même. D'un autre côté
on doit lui savoir gré de la tourelle dont il a flanqué cette
tour du côté du midi, et qui sert d'escalier pour y monter
jusqu'aux cloches, parce que sa belle structure ajoute
avantageusement à celle de la tour, très-bien soignée
dans tous ses ornemens (1).

Qu'il me soit permis de dire ici mon sentiment sur

---

(1) Vers le milieu de la nuit du 9 au 10 du mois de juillet 1824,
la foudre a tombé sur la flèche de la tour méridionale de l'église,
qu'elle a beaucoup endommagée en plusieurs endroits, après avoir
abattu quelques pyramides des piliers en arcs-boutans de l'édifice. Ce
terrible météore, après s'être fait passage par la grande rose du
portail, a été sillonner les murs des collatérales, et est sorti par
la verrière d'en bas de la basse nef du côté de la tour, et la plus
proche du portail méridional. Le dégât fait à la tour est considérable,
et en nécessitera la reconstruction, depuis le milieu jusqu'au bout
de la pyramide.

On venait, tout récemment, de faire de grandes réparations au portail, et dont j'avais déjà fait connaître l'urgence, en 1822.

une sorte de couronne en pierre qui embrasse les six consoles de la flèche, vers son extrémité. Interrogé en 1820, par un habitant de l'Épine, sur ce qu'elle signifiait, je n'hésitai pas à lui répondre que si cet ornement n'était pas un simple appui donné à cette partie la plus faible et la plus élevée de la flèche, on pourrait croire, avec quelque vraisemblance, que, comme la couronne sculptée en signe de la protection et de la munificence de Charles VII, celle-ci pourrait bien être aussi un célèbre mémorial de l'exécution d'un vœu fait par Louis XI, au commencement de son règne, lors de sa détention à Péronne, en 1482, et en reconnaissance de onze cents écus d'or que ce prince déposa lui-même sur l'autel de la Sainte-Vierge, bienfait dont la moitié fut pour la fabrique de l'église, et l'autre pour la dotation de la cure. Je suis pourtant éloigné de donner à mon sentiment une probabilité qui cesse de l'être si l'on fait attention que, dès l'an 1429, le portail de l'église de l'Épine, tel qu'il est à présent, avec les deux grosses tours et le côté septentrional furent achevés. Mais je penche plutôt à croire que cette couronne a été sculptée en même temps que la flèche qu'elle soutient ici dans la partie la plus mince, à moins qu'elle n'y eût été ajoutée pour la même raison que celle en mémoire des bienfaits de Charles VII. Du reste j'abandonne cette conjecture à la critique des savans.

Les Verrières, les Piliers-boutans, les Galeries en pierre et la Couverture de l'Église.

En passant de la description du portail à l'étude de toutes ses parties extérieures, ce n'est, selon moi, que changer de jouissances. Cet extérieur a de grandes beautés, et il offre à l'œil enchanté un tableau flatteur, en même temps qu'il récrée l'esprit de l'amateur et du curieux, de réflexions nobles et utiles. Comme tous ces superbes édifices si justement vantés et si savamment décrits dans les annales consacrées à la mémoire des chefs-d'œuvres d'architecture et de sculpture dont s'honore encore notre patrie, l'église de l'Épine est soutenue par des piliers ou arcs-boutans, entre chacun desquels est une haute verrière, de sorte qu'elle paraît percée à jour de tous les côtés, en façon de lanterne. Elle a la forme d'une croix, et de côté et d'autre de la croisée est un portail avec des tourelles, des roses et des sculptures dont nous expliquerons bientôt les sujets.

Si l'on veut se donner la peine de compter les verrières qui éclairent l'intérieur de l'église, on trouvera en tout deux grandes roses, l'une au grand portail et l'autre au portail méridional, et soixante-une verrières, dont vingt-quatre pour la grande nef et ses collatérales, six dans la croisée de toute l'église, dix dans le chœur et le sanctuaire, et vingt-une dans les chapelles du rond-point. On est étonné, en examinant attentivement ces verrières, de ne les point voir toutes du même dessin. Le premier architecte de l'édifice aurait-il donc eu l'intention de réunir dans son plan les différens genres d'architectures des siècles qui l'ont précédé ? C'est ce qu'il n'est guère possible d'assurer. Pourtant cet habile ouvrier a eu la bizarrerie, si toutefois l'on peut appeler ainsi le goût naturel des anglais, qui est d'offrir, dans la construction d'un édifice distingué, des modèles d'architecture qui rappellent le souvenir des siècles précédens, et qui les reproduisent ainsi d'âge en âge à la postérité. Quoi qu'il en soit de cette dissemblance d'architecture dans la forme des verrières, elle ne nuit aucunement à l'ensemble de l'édifice qu'elle rend au contraire plus piquant à l'œil observateur des artistes et des antiquaires.

Le second objet, très-digne de remarque, ce sont les piliers-boutans au nombre de quatorze, dont huit pour la nef et ses collatérales, et six pour le chœur et le rond-point. Il faut avouer ici que l'architecture bien soignée

de ces piliers est digne des éloges des connaisseurs ;
solidité, grâce, hardiesse, élégance, sagesse et délicatesse dans les formes et dans les ornemens, rien de tout
cela n'échappe à la sagacité des artistes et des amateurs,
de sorte que l'on peut dire qu'il en existe peu de semblables dans des édifices de la dimension de celui-ci,
sur lequel j'ai promené pour la première fois, je l'avoue,
des yeux toujours avides et jamais satisfaits.

En donnant aux piliers-boutans tant de grâce et de
solidité, les deux artistes se sont parfaitement bien
entendus dans la construction de toutes les superbes
galeries en pierres sculptées à jour, qui règnent tant
autour du comble de la grande nef qu'autour de ses
collatérales, et tant autour du chevet que sur toutes
les parties des chapelles qui l'environnent. Ce double
cordon, qui prend, sans interruption, d'une tour du
grand portail à l'autre, est admirable à voir, et l'on
devine facilement que les artistes ont eu le même
amour et le même orgueil en supprimant la construction
d'une haute charpente qui avait pu, non pas nuire au
chef-d'œuvre dont ils étaient les pères, j'ajoute encore
dont ils étaient amoureux, mais en cacher toute la
beauté et la délicatesse. C'est pour cela sans doute qu'ils
ont fait une couverture plate et assise directement sur
toutes les hautes voûtes de l'église, de sorte que ce joli
cordon de galeries domine avec avantage, non-seulement tout autour de la grande couverture, mais encore
tout autour de la couverture également plate des collatérales et des chapelles du rond-point, taillé à pans
coupés.

Les pyramides des piliers-boutans sont délicates et
belles à voir, et les figures d'animaux de différentes
espèces, qui y sont saillantes et servent de gouttières,
sont sculptées avec goût et avec une variété toute singulière et bien digne de remarque. C'est ce qui me porte
à les décrire et expliquer succinctement.

De la tour méridionale du grand portail à la croisée qui sert d'entrée de ce côté où est le cimetière public, il y a quatre piliers-boutans, dont la première gouttière est une figure de bête tellement mutilée qu'on ne peut la faire bien connaître. La seconde est une espèce de satyre ou démon dont la tête est couverte d'un capuchon de moine. Cet esprit de ténèbres est assez souvent peint, sous ce dehors bizarre, dans la tentation de Jésus-Christ dans le désert. La troisième est une figure de vache. La quatrième est un homme qui en porte un autre sur ses épaules, sur lesquelles il s'appuie à cause de l'attitude courbée de l'homme, principale figure qui sert de gouttière.

Sur toute la bordure du rond-point il y a aussi, outre les figures-gouttières des piliers, des sculptures très-bizarres : nous allons les décrire successivement l'une après l'autre.

Le premier pilier-boutant a pour gouttière une figure d'homme à cheval sur un monstre marin, dont il ouvre avec force l'énorme gueule, qui est la gouttière ; au-dessus de cette sculpture est un singe qui, par ses grimaces, semble vouloir contrefaire celles du monstre. Entre ce pilier et le suivant est une figure de Bacchus, tenant d'une main un broc et de l'autre une tasse. La seconde gouttière est une figure d'homme très-hideuse, ayant la bouche extraordinairement ouverte ; il tient une marotte serrée contre sa poitrine ; c'est vraisemblablement l'emblême de la folie, comme le personnage tenant un broc et une tasse est celui de l'ivrognerie. Entre ce pilier et le suivant est la figure d'un homme tenant sa tête d'une main ; sa bouche horriblement ouverte, et les yeux qui lui sortent de la tête, le rendent tout-à-fait épouvantable : il exprime bien la situation d'un homme extraordinairement tourmenté par la douleur. La troisième figure-gouttière est celle d'une femme, d'une malicieuse invention. Dans l'attitude d'une personne qui fait de l'eau, cette femme a les épaules et la gorge nues ; elle est vêtue d'un justaucorps, ses jupes sont relevées jusqu'au-dessus des genoux ; cependant l'artiste a eu l'attention de ne point attaquer la pudeur, en ne laissant voir aux spectateurs que les jarretières, et en lui faisant adroitement tenir un voile qui cache ses parties naturelles, que, sans cet expédient, il serait facile de voir en semblable posture. Une autre sculpture suit cette gouttière ; c'est un guerrier dont la barbe est fort épaisse ; il tient un long cimeterre. La quatrième gouttière offre, en un seul bloc de pierre, deux figures, dont la principale est une chèvre toute mamelue, vomissant une petite figure d'homme qui, sortant de sa gueule, la tient par les oreilles, en faisant une grimace épouvantable ; c'est par la bouche de cette petite figure d'homme que coulent les eaux pluviales. La sculpture qui est entre cette gouttière et la suivante est une chatte toute mamelue, tenant dans ses griffes de devant un enfant par les épaules qui lui servent d'appui. La cinquième gouttière est un monstre vorace, tenant dans ses griffes de devant une petite figure d'homme qui lui sert d'appui ; le mal que le monstre lui fait, ou la peur que la figure d'homme a d'en être dévoré, lui fait faire une grimace horrible. Les parties sexuelles de cette figure toute nue choquent beaucoup à la vue. Il est aisé de reconnaître, dans cette sculpture, l'histoire de Saturne et de son frère Titan, qui lui céda son droit d'aînesse, à la charge qu'il n'éleverait aucun fils, c'est pourquoi Saturne les dévorait aussitôt qu'ils étaient nés. La figure de ce monstre symboliserait donc alors le caractère cruel et impitoyable du dieu du Temps, et la figure d'homme celle de ses fils qu'il dévorait aussitôt leur naissance ; c'est du moins l'explication la plus probable que l'on puisse faire de ce sujet. La sixième gouttière est une figure de bête semblable à une licorne ; au-dessus de ce pilier-boutant est sculptée une truie toute mamelue, pinçant la harpe. Ici l'artiste a eu sans doute l'intention d'apprendre au spectateur combien il convient peu à un cœur souillé par le péché, dont cet animal immonde est l'emblême, de louer Dieu par des cantiques spirituels et sur des instrumens de musique, avant que de s'être purifié par la pénitence et par un sincère retour vers lui. La sculpture qui est entre ce pilier et le septième suivant, est un pourceau, figure itérative de l'impureté dans laquelle les passions plongent l'homme sans foi et sans frein. La septième et dernière gouttière du rond-point est une figure de dogue ayant un collier d'où pend un grand anneau, symbole de la fidélité et de la vigilance.

Les quatre piliers-boutans, entre le portail septentrional et la tour, ont des gouttières dont la première seule se fait remarquer : c'est la représentation d'un homme dans une attitude indécente ; d'une main il soutient sa mâchoire, en faisant une horrible grimace, et de l'autre il empoigne le phallus absolument nu. S'il n'est pas là comme une personne faisant de l'eau, il représente à coup sûr le dieu tutélaire de la génération dont le phallus tout entier est l'emblême caractéristique. C'est un pendant un peu trop obscène de la femme-gouttière dont j'ai parlé plus haut. Les autres figures des piliers-boutans, et qui servent de gouttières, sont toutes des dogues avec leur collier. Je pense qu'on rencontre peu de sculptures de cette bizarrerie sur beaucoup d'édifices chrétiens tels que celui-ci, qui est peut-être encore aujourd'hui le seul qui en présente de semblables.

Quant aux figures qui ornent çà et là les combles au-dessous des galeries, ce sont partout des animaux de différentes espèces, comme nous en voyons sur toutes les églises qui ont des sculptures, et qui sont d'une belle apparence, quoique pourtant il y en ait qui ont des figures d'hommes en forme de cariatides, et qui ne sont là que comme des médailles d'ornement.

Les Portails de la Croisée.

Après avoir tout dit sur la description de l'extérieur de l'église de Notre-Dame de l'Épine, il ne me reste plus qu'à parler des portails de la croisée. Celui situé au midi est sans contredit le plus achevé et le plus curieux, à cause de ses sculptures.

La croisée méridionale est flanquée de deux tourelles servant d'escalier pour monter au faîte de l'édifice; toute la largeur du pignon est ornée de galeries en pierre tout à jour, mais pour cela d'un autre dessin que celles du contour de l'édifice auxquelles elles se réunissent admirablement. La belle pyramide qui termine le pignon est ouvragée à jour, et derrière est encore une autre belle galerie aussi à jour, qui longe cette partie inférieure sous laquelle est une arcade cave où est la porte d'entrée, à droite et à gauche de laquelle étaient, entre des piliers, de hautes statues qui ont été brisées par les vandales français, à la fin du dix-huitième siècle.

Sur la travée de la porte à deux battans est un bas-relief considérable, représentant, en plusieurs images, les principales actions de la vie de saint Jean-Baptiste. La première sculpture offre l'histoire de la prédiction de sa naissance par l'ange Gabriel à Zacharie son père, lorsqu'il priait dans le temple; la seconde, celle de ce grand pontife devenu muet pour avoir douté de la promesse de l'ange, et écrivant sur des tablettes le nom qu'il voulait donner à son fils nouveau-né; la troisième, celle de la circoncision de l'enfant; la quatrième, celle de sa mission, comme précurseur de l'Homme-Dieu; la cinquième, celle de sa prédication dans le désert. Ici et là, autour de lui, un groupe d'auditeurs censés venus sur les bords du Jourdain, où il baptisait tous ceux qui croyaient le royaume de Dieu. La sixième sculpture représente, en trois figures, Hérode et Hérodiade sa belle-sœur absolument nue, mais cachant de sa main gauche ses parties sexuelles. C'est l'instant où saint Jean, qui figure dans ce sujet historique, reproche au roi Hérode ses impudicités avec cette femme, qui, dans la septième sculpture, est à table avec le prince et son épouse, célébrant dans un festin le jour de sa naissance. Un peu plus loin, et c'est la huitième et dernière sculpture, est un soldat armé d'un long cimeterre, et dont il est prêt de frapper le saint Précurseur du Fils de Dieu, à l'entrée de sa prison. Tout le monde sait que la décolation de Jean fut le prix d'une danse que fit avec tant de grâce devant le roi Hérode, cette même Hérodiade, à laquelle, pour lui témoigner toute la satisfaction qu'il avait eu, il accorda tout ce qu'elle lui demanderait. Rien ne flatta davantage le désir de cette impudique femme, que la tête du prophète qui lui avait reproché, ainsi qu'au prince, leurs criminelles débauches.

Mais pourquoi, me dira-t-on peut-être, le sculpteur a-t-il représenté plutôt l'histoire du précurseur du Fils de Dieu que celle de sa sainte Mère, sous l'invocation de laquelle l'église que je décris est consacrée? Je ne ferai point ici les frais d'une conjecture en faveur de la sculpture; les monumens historiques nous l'apprennent. Ils nous disent qu'en 1400, lorsqu'arriva la miraculeuse découverte de l'image de la sainte Vierge dans un buisson d'épines, il y avait près de ce buisson une petite chapelle ou oratoire dédié à la sainte Vierge et à saint Jean-Baptiste, et que ce fut dans cette chapelle que l'on déposa cette vénérable image, jusqu'au temps où l'église de l'Épine fut bâtie; enfin, qu'une infinité de personnes vinrent y faire des offrandes considérables, qui furent accueillies par les marguilliers de Melette et de Courtisols, qui les employèrent pour la construction de notre église. Voilà ce qui a pu engager les entrepreneurs de cette église à perpétuer la mémoire de cette chapelle, tant à cause de la sainte Vierge que de saint Jean-Baptiste, sous l'invocation desquels elle avait été dédiée.

Quittons cette belle, cette intéressante sculpture, pour aller visiter la croisée septentrionale. Mais qu'on est surpris de la voir si incomparable par ses nudités et par ses imperfections ! L'entrée en est toute simple et sans arcade ni sculpture ; elle n'a qu'une tourelle, et le pignon qu'elle accompagne n'a aucune forme agréable ni même correcte. Cependant on se dédommage par la beauté des galeries qui, comme à la croisée méridionale, se lient à celles du contour de tout l'édifice.

Pour jouir parfaitement du coup-d'œil que demande aux artistes et aux amateurs l'église de l'Épine, il faut non-seulement en visiter, comme nous venons de le faire, toutes les belles parties sur le terrein où elle est bâtie, mais encore aller au sommet des tours ; c'est là que ce double cordon de galeries si ingénieusement variées dans leur sculpture, nous dessinent agréablement le plan tracé et du principal corps du monument, et de ceux inférieurs qui l'environnent avec tant de grâce et d'utilité ; c'est là aussi que l'œil se promène délicieusement, et sur cette éminence fière de porter l'édifice digne de nos éloges autant que de notre vénération, et sur les plaines immenses qui l'environnent, et qui ne finissent dans le lointain que par des chaînes de montagnes dont elles paraissent couronnées par la nature.

Changeons maintenant de tableau. Les beautés que nous avons eu à admirer dans toutes les parties de l'extérieur de l'édifice (1), doivent nous donner une bien

----

(1) En visitant pour la troisième fois, en 1824, l'église de l'Epine, j'ai eu l'avantage de faire sentir à M. l'abbé Brisson, son zélé et savant pasteur, la nécessité de construire tout autour et contre les murailles de l'édifice, des talus qui en garantissent les dégradations, à l'endroit du sol, qui, étant le cimetiere des habitans du lieu, offre toujours une superficie poreuse, et occasionne par conséquent des humidités fâcheuses qui nuisent à l'intérieur de l'édifice et à ses décorations, autant qu'à la santé des fidèles qui s'y réunissent pour le service divin.

louable envie d'en visiter l'intérieur. Hâtons-nous donc de pénétrer dans un sanctuaire qui va doubler nos jouissances et notre admiration.

De l'Intérieur de l'Église de Notre-Dame de l'Épine.

En entrant dans cette belle basilique, toute semblable à celle, jadis, de Saint-Nicaise de Reims, pour le coup-d'œil comme pour l'architecture, on est frappé d'admiration, et l'ame éprouve une sensation délicieuse. Il y a de l'élégance, de la légèreté même, de la régularité et de la correction, si j'en excepte toutefois, comme je le dois, les verrières qui, comme je l'ai déjà observé, n'ont pas la même architecture; un jour lumineux y est répandu par de hautes verrières construites sur deux rangs, et ajoutent à la beauté de tout l'édifice, surtout depuis qu'il vient de recevoir des embellissemens de peintures et d'ornemens, qui lui donnent l'aspect d'un palais enchanté, et que l'œil ravi d'admiration ne quitte qu'à regret, mais se promettant bien de le visiter encore.

De la Nef.

La Nef, la partie la plus considérable de l'édifice, est soutenue sur douze piliers réunis par des arcades en forme ogive, au-dessus desquelles et tout le long, à droite et à gauche, règne une jolie galerie qui se prolonge tout autour du rond-point. Au-dessus de cette galerie, dans la nef, sont, de côté et d'autre, comme je l'ai déjà dit, douze hautes et basses verrières blanches qui l'éclairent, sans compter la belle rose du portail aussi en verres blancs ; ce qui donne un très-beau jour et ajoute au merveilleux que présente la construction de l'édifice. Les voûtes sont faites avec beaucoup d'art et de délicatesse ; celles des ailes ou nefs collatérales sont du même genre, presque autant de verrières en éclairent l'espace qu'elles occupent, ce qui élargit par conséquent la nef principale qu'elles éclairent également ; mais c'est bien dommage qu'elles sont incomplètes en nombre, et surtout d'une forme et d'une sculpture incorrectes. L'artiste aurait-il donc voulu varier ses dessins comme aux verrières supérieures, et comme il l'a fait aussi et son successeur dans les galeries qui décorent doublement l'extérieur de l'édifice ? Ici, je l'avoue sincèrement, je suis tenté de ne lui point pardonner cette bizarrerie, ou plutôt cette négligence coupable, puisqu'elle nuit visiblement à la beauté de son ouvrage.

Au milieu de la longueur de cette nef est adossée, contre un des piliers, une chaire à prêcher, et au-devant, du côté opposé, un banc de l'œuvre, tel qu'on en voit un dans l'église paroissiale de Saint-Remi de Reims et dans plusieurs autres églises de France. Tout le monde sait que c'est en vertu d'un décret du 30 septembre 1809 que l'on a placé, dans plusieurs églises de la France, des bancs de l'œuvre en face des chaires à prêcher, autant que possible, pour y recevoir MM. les ecclésiastiques, le clergé et les marguilliers de la paroisse, et dans lequel le curé a la première place pendant la prédication. L'église de l'Épine a donc été, comme celle de Saint-Remi de Reims, une des premières à profiter du décret, en faisant ainsi placer cet utile retranchement. Ce sont les seules pièces de menuiserie qui soient dans cette partie principale de l'édifice, dont le pavé est couvert de bancs à dossier, placés sur deux lignes.

Nous voici déjà arrivés à la pièce la plus précieuse et la plus intéressante du monument que nous étudions dans tous ses détails avec une exactitude aussi scrupuleuse. Que le lecteur veuille bien l'examiner et l'admirer avec moi, afin de relever certaines erreurs que je pourrais peut-être commettre en essayant de l'expliquer à l'aide des monumens historiques que j'ai entre les mains, et qui sont connus en partie de tout le monde.

Le Jubé.

Le jubé, qui sépare ou qui coupe en deux la nef d'avec le chœur que nous visiterons bientôt, et qui, quoique d'une très-belle structure gothique, interrompt la beauté du coup d'œil de l'édifice tout entier, en même temps qu'il lui nuit, est cette pièce que je désire faire remarquer. C'est le lieu où était un gros buisson d'épines, au milieu duquel, selon l'histoire du temps, un berger de la ferme de l'Épine (1), et un autre de Courtisols, canton des Ayeuls, conduisant sur le soir leurs troupeaux vers la chapelle de S.-Jean-Baptiste qui en était proche, aperçurent une lumière éclatante, de laquelle les premiers moutons s'étant effrayés prirent la fuite du coté de la plaine. Il n'y eut, ajoute l'historien de ce prodige, arrivé en 1419, la veille de l'Annonciation, que les agneaux qui s'en approchèrent, et furent cause que les bergers s'en approchèrent aussi, pour examiner d'où pouvait provenir cette lumière ; mais ils tombèrent évanouis et restèrent quelque temps sans connaissance. Revenus de leur faiblesse, causée par la frayeur de voir ce prodige, ils reconnurent qu'il y avait au milieu du buisson une petite image de la sainte Vierge, tenant son fils Jésus entre ses bras. Le même historien ajoute encore que cette lumière s'étant augmentée lorsque la nuit survint, on y accourut de tous les endroits d'où elle pouvait être aperçue, particulièrement des villages de Courtisols et de Melette, et que, par un miracle éton-

____

(1) Le village de l'Epine, situé à deux lieues de Châlons, sur la grande route de cette ville à Verdun, n'était autrefois composé que d'une grosse ferme et d'une maison seigneuriale appartenant aux religieux Bénédictins de Saint-Jean de Laon. Cette terre, du nom de Sainte-Marie, et celle du village de Melette furent achetées, vers l'an 1550, par des gentils-hommes de ce nom de l'Epine. (Paler, *Mémoires historiques de la Province de Champagne*, Tom. 1, pag. 269.

nant, cette lumière dura toute la nuit et tout le jour suivant. A la vérité, le lieu était fort élevé, et elle fut aperçue de plus de dix lieues à la ronde. Enfin, cette clarté ne paraissant plus, l'évêque de Châlons, à la tête de son Chapitre, les curés de Melette et de Courtisols, avertis du prodige, vinrent processionnellement sur les lieux, et trouvèrent le buisson aussi vert qu'en plein été, et en ayant tiré l'image miraculeuse, ils la transportèrent dans la petite chapelle de Saint-Jean-Baptiste, qui, comme je l'ai déja dit, était à quelques pas du lieu où arriva le miracle.

D'après ce récit, on sentira comme moi, la juste et impérieuse nécessité de laisser subsister ce jubé, puisqu'il marque la place du buisson vénérable où fut trouvée cette image de la Vierge que nous voyons exposée maintenant sous ce beau portique et sur cet autel déjà témoin d'un million de vœux et d'offrandes, centuplé peut-être depuis ces temps reculés jusqu'à nos jours.

En effet, ce jubé antique, mais délicatement travaillé, qui se compose d'une porte d'entrée au milieu de deux petits autels fort nuds et très-simples, est enrichi, ennobli même de cette image miraculeuse, qu'au toucher j'ai reconnu pour être d'une pierre jaunâtre d'un grain très-fin, médiocrement bien sculptée, et peinte dans ses parties visibles, puisqu'elle est toute habillée à l'antique et décorée de rubans (1). Ce monument, qui a reçu aussi dans les temps quelques embellissemens de dorure, mais qui s'effacent, n'a pas plus de dix-huit pouces de hauteur. C'est là, c'est devant cette sculpture vénérable que les fidèles déposent leurs vœux et leurs offrandes.

---

(1) Depuis que (en 1824) on a reblanchi et restauré l'église, la statue de la sainte Vierge a été couverte d'habillemens plus convenables, et les deux autels du jubé ont été reconstruits à neuf, et ornés de peintures, de différentes sortes de marbres, aussi bien que le jubé. (*Note de l'Auteur.*)

En terminant l'article de ce jubé dont je votai le dé–
placement la première fois que je visitai l'église, je ne
puis passer ici sous silence les différentes données sur
les lieux du miracle, consignées dans les manuscrits qui
traitent de l'histoire de cette église. D'abord, les auteurs
qui ont publié quelque chose là-dessus, disent nettement
que l'image de la Vierge placée sous le jubé, du côté de
l'épître, est à l'endroit même où se trouvait le buisson
lumineux dans lequel elle etait cachée, et d'où elle fut
tirée par le clergé de la ville de Châlons, qui y vint processionnellement à cet effet. Un autre manuscrit, anonyme sans doute, traitant de la même histoire, indique
à son tour, comme devant exister sous le maître-autel,
ce même buisson merveilleux, et non pas sous l'autel
du jubé, où est maintenant la statue de la Vierge exposée à la vénération des fidèles. Cette seconde opinion
est encore aujourd'hui celle des habitans de l'Épine.
Un troisième manuscrit, enfin, que j'ai consulté (1),
dit nettement que la chapelle de Saint-Jean est le lieu
même où est arrivé le miracle. Cette dernière autorité,
qui est sans doute de plus fraîche date, contredit donc
les précédentes? Cependant, si je consens à lui donner
la préférence, l'auteur qui veut que la chapelle Saint-
Jean soit l'oratoire de ce nom où fut transférée pour la
première fois, et solennellement même, la statue de la
Vierge, immédiatement après sa découverte dans le
buisson, va s'élever contre moi, et il en résulterait que,
de tous ces endroits si célèbres, aucun ne serait encore
bien connu. Pour trancher la difficulté, nous dirons,
avec plus de probabilité, que la chapelle Saint-Jean est
bien le lieu de l'ancien oratoire de ce nom, dont elle
rappelle le souvenir ; que le maître-autel est celui où fut
trouvé le plus vraisemblablement la statue de la Vierge

____

(1) Histoire chronologique des évêques de Châlons en Champagne.
Manuscrit anonyme, an 1759.

dans le buisson, puisque ces deux endroits ne sont, comme le dit l'histoire, éloignés l'un de l'autre que de quelques pas ; enfin, que le petit autel sur lequel elle est posée sous le jubé, a été choisi de préférence pour la commodité des pélerins et par respect pour l'action du sacrifice sur le même autel dont doit être toujours écartée la multitude du peuple. Cela posé raisonnablement, le jubé ne sera donc plus qu'une clôture ordinaire et sans intérêt, qu'on est libre alors de supprimer, afin de laisser enfin à l'église de l'Épine l'orgueil d'étaler pour la première fois toutes les beautés de sa noble architecture ; le maître-autel, véritable lieu du miracle, n'en sera pas moins vénérable, et l'on rendra à la chapelle S.-Jean une nouvelle célébrité, en y replaçant, comme jadis, la statue miraculeuse. Que si les habitans de l'Épine, et les dévôts pélerins qui fréquentent leur belle église, s'élèvent contre cette assertion, je leur dirai que le tombeau de saint Remi, à Reims, pour n'être pas élevé sur le lieu même de la sépulture du saint, n'en est pas moins célèbre ni moins fréquenté par les fidèles, qui y viennent chaque jour déposer leurs vœux et leurs offrandes devant les reliques sacrées de l'apôtre des Français ; et que là où est l'objet du culte, les clients se prosternent et prient.

Le Chœur et le Sanctuaire.

Le jubé n'est pas le seul ouvrage qui, traversant toute la largeur de la nef, ferme le chœur que nous allons visiter. Cette seconde partie de l'édifice, et qui contient le sanctuaire, est également fermée tout autour par de belles clôtures en pierres sculptées à l'antique et bien ouvragées à jour, de sorte qu'en faisant le tour de toute cette enceinte, on a l'avantage de distinguer facilement les monumens qu'elle renferme, et de jouir de la vue des cérémonies religieuses et de l'action du sacrifice. Si nous faisons attention à la distribution de ces clôtures, telles que l'on en voit dans l'église de Saint-Remi à Reims, nous les voyons placées entre les dix piliers et les neuf arcades qui forment l'enceinte du chœur et du sanctuaire, auxquelles elles donnent une entrée de côté et d'autre, vers le jubé, par deux portiques en pierre pareillement ouvragés. Mais ce qui est le plus digne de remarque dans ces sculptures, c'est un morceau d'architecture dans lequel sont renfermés le S. Sacrement de nos autels et les vases sacrés de l'église, et que nous appelons communément *Trésor*, et qui est plutôt le *Sancta Sanctorum* des mystères de notre religion. Ce morceau est d'une sculpture très-ancienne; il représente une sorte de forteresse toute environnée et surmontée d'une infinité de pyramides très-délicates, dont sont flanqués des frontons pratiqués sur chacune des quatre faces du monument, qui se termine au milieu par une magnifique pyramide aussi sculptée en pierre, laquelle a toute la forme et le dessin de la flèche qui domine la tour méridionale du grand portail de l'église. C'est ce qui a fait croire jusqu'aujourd'hui, aux habitans du village de l'Épine, que ce monument représente, disent-ils, au naturel, le premier plan figuré de l'église, selon les dessins de l'architecte, et auquel a été substitué, selon une tradition assez vague du pays, le plan de celle qui subsiste. Mais, pour peu que l'on examine attentivement le morceau de sculpture dont il s'agit, on voit aisément que son architecture n'est pas celle d'une église, et qu'il n'a d'ailleurs rien de ressemblant à la construction de notre édifice, sinon une belle imitation de la flèche qui surmonte la tour méridionale, qui n'a été construite que dans un temps postérieur à celui de l'architecte de la tour septentrionale qui fut élevée la première ; c'est ce qui détruit l'opinion mal fondée du pays, en faveur du monument. Quoi qu'il en soit, il faut convenir que cette pièce de sculpture est digne de l'attention des curieux, et fait un

bel effet, en la réunissant, pour le coup d'œil, à ces clôtures faites en forme d'arcades, qui défendent de la
fréquence du peuple cette partie la plus noble de notre
église; partie qui, comme je viens de le dire, est soutenue sur dix piliers et sur neuf arcades, éclairée par
neuf verrières entre lesquelles et les arcades règnent
tout autour des galeries à jour, comme dans la nef.

Pénétrons maintenant dans ce sanctuaire vénérable
où s'immole chaque jour la victime adorable de notre
salut. Nous la voyons simplement ornée, cette enceinte
redoutable aux pécheurs, puisque le Saint des Saints y
repose dans son tabernacle; mais cette simplicité tou-
chante se relève et s'ennoblit par la structure du beau
rond-point qui la forme et qui l'éclaire. Il est à pans
coupés, comme le sont les ronds-points de nos plus belles
basiliques de France, et comme l'était celui de l'église
de Saint-Nicaise de Reims, dont celui-ci semble être une
fidèle copie. De côté et d'autre sont des stales pour les
assistans. Le pavé du chœur est de pierre et de marbre;
au milieu est le lutrin des chantres, et aux deux extré-
mités du jubé sont des escaliers en pierre de différentes
forme et sculpture, servant à y monter pour chanter les
leçons des offices et quelques pièces de chant dans des so-
lennités particulières. Le sanctuaire a son pavé de marbre.
Le grand autel à la romaine, construit par la fabrique de
l'église, en 1734, est tout de pierre, excepté les consoles réunies avec le dôme, qui sont de bois peint et doré
diversement, de même que la gloire qui est au-dessous de
la corniche. Sous le baldaquin, et par conséquent encore
au-dessus de l'autel, est une assomption de la Vierge,
sculptée en bois. Ce beau sujet est très-avantageux à
l'autel dont il efface en quelque sorte la trop grande
nudité, à cause de son volume et de son élévation. Les
peintures, au naturel, de cette sculpture de forme co-
lossale, en même temps qu'elles lui sont favorables,
donnent à l'autel plus de grâce, et au chevet de l'église

plus de noblesse et de majesté (1). C'est bien dommage, faut-il que je le répète encore, que le jubé prive l'œil observateur des artistes et des amateurs du spectacle ravissant de cette perspective de l'église, et des monumens qui la décorent si utilement dans la plus noble et la principale de toutes ses parties, celle où vraisemblablement le buisson se trouva à l'endroit même de cet autel qui en rappelle le souvenir, comme le lieu le plus convenablement choisi par ceux qui ont présenté et accepté le plan de l'église, de préférence à l'endroit où l'on voit aujourd'hui la statue si vantée dans l'histoire de cette même église. Quant à moi, c'est mon sentiment particulier.

Les Chapelles du Rond-point et les Croisées de l'Église.

Dans le pourtour du chœur et du sanctuaire que nous venons de visiter, il y a, depuis la croisée méridionale jusqu'à celle septentrionale, sept chapelles dont la forme est singulière et rare dans beaucoup d'autres églises célèbres par leur architecture. Chacune de ces chapelles se compose de cinq pans de murailles, et est éclairée par trois verrières ; il y en a même qui n'en ont que deux. Lorsque je vins pour la première fois visiter et explorer l'église, je les avais vues nues, et n'offrant à l'œil étonné que des ruines d'autels et des dégradations déplorables, preuve de l'impiété du dix-huitième siècle ; mais, au-

---

(1) On vient de substituer à cette sculpture une autre très-petite, représentant le même sujet; elle est attachée à la corniche du baldaquin ; il ne m'appartient pas sans doute de critiquer ce changement qui ne remplace pas assez bien l'objet premier qui donnait de l'ornement à l'autel, et ajoutait au beau coup-d'œil de l'église, en la considérant dans une position lointaine, toujours nécessaire à l'observateur.

jourd'hui que j'y suis venu pour la troisième fois, non plus pour explorer de nouveau le monument, mais bien pour y rendre grâces à Dieu du succès de l'étude et des recherches que j'avais consacrées à sa description, et qui m'a été accordé par l'entremise de la très-sainte Vierge dont j'avais réclamé la puissante intercession, je vois tout changé, comme par enchantement, sous le pinceau du peintre et sous le ciseau du sculpteur. Avant de les visiter, il faut remarquer qu'il y a, à droite et à gauche, une double nef contiguë à chacune des deux aîles ou croisées de l'église; et c'est dans l'une et dans l'autre de ces doubles nefs qu'est un autel ou plutôt une chapelle, où il a dû y en avoir un avant la dévastation et la profanation de l'édifice, qui nous a paru avoir souffert beaucoup des ravages du vandalisme de notre âge. Ce que les connaisseurs et les amateurs se plaisent à admirer dans ces chapelles, comme dans le sanctuaire, c'est la coupe et l'architecture de leurs voûtes, qui sont d'une rare beauté.

Si nous visitons ces chapelles pour ce qu'elles nous offrent encore d'intéressant, nous remarquerons dans la troisième, en commençant par la droite, l'histoire de la sépulture de Jésus-Christ, représentée en dix grandes figures de pierre. Le Sauveur du Monde y paraît étendu mort sur un sépulcre; à la tête et au pied du sépulcre sont Nicodème et Joseph d'Arimathie, ayant à leurs côtés chacun un ange, symbole de l'inspiration divine communiquée à ces deux personnages rendant à Jésus les derniers devoirs de la sépulture. L'ange qui est auprès de Nicodème, porte la figure de la colonne à laquelle fut attaché Jésus-Christ à l'instant de sa flagellation; celui qui accompagne Joseph d'Arimathie présente la croix, instrument vénérable sur lequel l'Homme-Dieu a expiré pour le salut des hommes. Au milieu de ces figures sont les trois Marie, la sainte Vierge et le disciple que Jésus aimait. Ce monument, qui n'a aucune inscription, a quelque ressemblance avec celui que l'on voit dans la croisée méridionale de l'église Saint-Remi de Reims, mais il s'en faut beaucoup qu'il en approche pour l'exécution ; celui de Saint-Remi est du milieu du 16.e siècle, et il a de grandes beautés et de la perfection dans le dessin, au lieu que celui-ci, dont nous ne connaissons pas l'âge, est d'un ciseau bien moins habile, et qui a dû nécessairement appartenir à des temps antérieurs. Quelques-uns pensent que cette sculpture appartient à l'église de l'Épine, de temps immémorial ; mais il est facile de les détromper en leur apprenant qu'il provient, au contraire, de l'église des Cordeliers de Châlons, d'où il fut transféré ici en 1791, époque de la révolution, et par conséquent de la suppression des maisons religieuses et de la démolition de leurs églises (1).

Dans la quatrième chapelle, on admire ce fameux pan de vître qui représente l'histoire de la découverte miraculeuse de l'image de la sainte Vierge dans le gros buisson dont nous avons déjà parlé dans l'explication des sculptures du grand portail, et dans notre description du jubé qui sépare la nef du chœur de l'église.

Ce morceau de vître fait partie d'une verrière à trois pans. On y remarque, sur le premier plan du tableau, un gros buisson tout garni de feuilles, au milieu duquel est l'image de la sainte Vierge tenant son fils Jésus entre ses bras. Sur le second plan et à droite sont des bergers sonnant de la cornemuse, pour rappeler leurs brebis

----

(1) Ce sépulcre a été reblanchi en même temps que toutes les autres parties de l'église ; la chapelle où il se voit a reçu, par une ingénieuse invention, un coloris convenable à l'histoire de la sépulture de notre divin Sauveur ; on a aussi placé tout à l'entour, des tableaux représentant l'histoire de sa sainte passion, de sa mort et de sa sépulture. Cet embellissement sert pour l'exercice déjà si universellement établi en France sous le nom de *Via Crucis*, *Chemin de la Croix*. Cette chapelle est encore la seule qui soit fermée d'un haut grillage de bois peint en noir. (*Note de l'Auteur*).

fuyant çà et là dans une plaine ; quelques agneaux sont au bas du buisson sur lequel est perché un hibou, et d'où sort un trait de lumière. Enfin, sur le troisième plan et au pied de ce buisson, sont des bergers adorant l'image de la sainte Vierge, qui a au-dessus de sa tête une étoile lançant un long rayon de lumière. Tout le monde sait que Marie est cette étoile du matin qui nous a annoncé la venue du Soleil de justice ; qu'elle est aussi la porte qui nous a ouvert le ciel, et cette étoile de la mer, protectrice de tous les pécheurs qui voguent chaque jour sur la mer orageuse de la terre ; c'est ce que l'on a eu sans doute l'intention de représenter par ce symbole. On sait aussi que le hibou perché sur le buisson est un oiseau nocturne, qui n'a été placé là que pour symboliser la nuit pendant laquelle on vit le buisson comme enflammé, à cause de l'objet vénérable qu'il cachait ; mais le rayon de lumière que l'on aperçoit sortir du buisson symbolise, au contraire, celle très-vive qui paraissait le consumer, lorsqu'elle se fit si bien remarquer et de nuit et de jour. Il est certain que cette vître intéressante a eu des inscriptions qui conservaient le souvenir du miracle, en même temps qu'elles ont dû l'expliquer ; on en peut juger par les fragmens de lettres et de mots qui en sont restés, mais qui ne présentent plus aucun sens. On s'étonne de voir que ce beau sujet soit le seul qui reste aussi bien conservé dans cette chapelle bâtie au centre du rond-point de l'église, tandis que les autres vîtres n'offrent plus maintenant que des vestiges presque tous inexplicables. Ouvrons l'histoire de notre église, et nous en apprendrons l'étonnante aventure.

Les Anglais, dit l'auteur de cette histoire, toujours maîtres, dans ces premiers temps de la construction de l'église de l'Épine, d'une partie de la Champagne, instruits que cette église avait été bâtie par un de leurs compatriotes, et jaloux de ce qu'on y accourait de toutes parts par dévotion, formèrent le projet de la détruire ;

mais les jeunes gens des villages voisins leur ayant opposé une vigoureuse résistance, sous la conduite du seigneur du lieu, les obligèrent de se retirer. Ceux-ci, dans leur retraite, se contentèrent de faire une décharge de leurs armes sur toutes les vîtres, qui en furent fracassées (1). Par une espèce de miracle, la verrière sur laquelle est représenté le sujet historique que je viens d'expliquer, fut seule intacte, et c'est ce morceau que nous voyons encore aujourd'hui ; monument précieux et qui mérite bien d'être conservé.

Dans la cinquième chapelle est une verrière de couleurs, sur laquelle on lit cette inscription : *Pierre Mallet, marchand à Châlons, et Jacquette Jacquelot sa femme ont donné cette verrière en* 1539. La représentation et les armes de ce bourgeois bienfaiteur de l'église de l'Épine, sont également peintes sur cette verrière, qui cependant me paraît avoir éprouvé quelques dommages, si j'en juge bien par des mutilations partielles et par des suppressions fâcheuses qu'elle laisse apercevoir à l'attention des curieux. L'inscription et les figures peintes sur cette verrière me font ressouvenir de la libéralité des bourgeois de Châlons, qui donnèrent des vîtres admirables à cette église ; mais les altérations et les fractures qu'elle a éprouvées sont évidemment des preuves de la lâche fureur de ces Anglais ennemis, qui ne purent réussir à détruire le monument tout entier, comme les pages de l'histoire viennent de nous l'apprendre.

---

(1) En mémoire et en considération de cette victoire obtenue par le secours du ciel et avec la protection de la sainte Vierge, sous la conduite et le commandement du seigneur de l'Epine, la Fabrique de ce lieu, faisait présent à ses successeurs, le jour de l'Assomption, de deux épées qu'il donnait aux jeunes gens du lieu et aux autres circonvoisins qui les gagnaient à la course. On distribuait aussi des gants qui servaient de prix à ceux qui sautaient un plus grand espace de terrein. Ce qui n'a plus lieu depuis nombre d'années. (*Histoire de l'Epine*).

La sixième chapelle, celle connue sous le nom et l'invocation de saint Jean-Baptiste, et où sont les fonts baptismaux, est ici érigée à la place même de cette ancienne chapelle située jadis au pied du fameux buisson, et dédiée aussi à ce saint précurseur de Jésus-Christ, où fut transportée la miraculeuse image de la Vierge trouvée dans ce buisson. Voici donc le lieu le plus remarquable et le plus digne de souvenir et de vénération, après celui où était le buisson, et qui est remplacé par le maître-autel de l'église. C'est à ce moment que mon ame est profondément affligée, et que je regrette bien sincèrement de ne point voir cette chapelle mieux ornée et plus décemment réparée. Qu'est donc devenue notre foi ? où est notre ferveur ? est-ce à de telles nudités que l'on peut reconnaître le zèle que doit avoir un chrétien pour la maison du Seigneur ? Les pierres de ce temple nu et sans ornemens nous accusent ; elles crient contre nous, et leur langage plus qu'éloquent ne nous touche point ! Hélas ! on dirait que nous n'avons plus de fois, et que, pour la plupart de nous, Dieu n'est plus qu'un mot, ou plutôt que Dieu n'est plus Dieu !

En effet, quelle pitoyable nudité nous présentent les ailes de l'église ! L'aile méridionale, qui est la mieux achevée et d'un style plus noble et plus relevé en architecture, demande un revêtement de couleur de pierre sur toutes les parties dégradées par le temps et par le défaut de soin. La façade qui sert d'entrée, et par où le jour pénètre avec une sage profusion, a une belle rose placée sous une arcade ogive qui couvre la double porte. Au-dessus de la rose est une sorte de balcon à jour, éclairé par une grande verrière qui termine cette façade digne d'être restaurée et toute reblanchie.

L'aile septentrionale, qui est éclairée par une faible verrière construite au-dessus de la porte d'entrée à deux battans, a aussi quatre autres verrières des deux côtés. La grande verrière, contre laquelle est un médiocre buffet d'orgues (1), est bouchée. Les murailles verdies par l'humidité et dégradées par le temps, ont un aspect triste, et arrachent des larmes à l'œil touché d'une aussi coupable négligence. Quel est l'homme assez puissant, assez chrétien, j'ajoute assez amateur des beaux-arts, qui intercédera pour ce beau monument, qui n'attend qu'une main restauratrice pour lui donner un rajeunissement et une solidité qu'on ne peut lui refuser? Sera-t-il dit qu'on laissera périr de vétusté un temple tel que celui de Notre-Dame de l'Épine, parce qu'il n'est entouré que de quelques chaumières, parce qu'il est isolé dans une campagne, et surtout parce qu'il n'orne point nos cités? Non, il n'en peut être ainsi sous le gouvernement de l'héritier des saint Louis, des Charlemagne et des Louis XIV. Siècles de christianisme! siècles des beaux-arts! le vandalisme et l'impiété du nôtre ne vous ont que trop outragés; ils vous doivent une réparation solennelle. Eh! peuvent-ils vous la faire autrement qu'en sauvant de la dent du temps, et en arrachant à la barbarie des impitoyables niveleurs de nos jours, ce qui nous reste de nos chefs-d'œuvre!

Ne sortons donc pas de ce sanctuaire magnifique, quoique d'un aspect déplorable, sans verser des larmes d'attendrissement sur ses nudités et ses dégradations; n'en sortons pas que nous n'y fassions, en présence du

---

(1) Depuis la restauration de tout l'intérieur de l'église, la monture de cet instrument à vent a été repeinte à neuf, d'une couleur de bois fort brillante; et M. le Curé (l'abbé Brisson) y a fait écrire quelques passages de psaumes et de cantiques analogues au son mélodieux de ce même instrument. On y voit, de côté et d'autre de la monture, les figures des douze apôtres, véritables trompettes évangéliques ou de jubilation chrétienne, et en devant de l'endroit où est le positif, ce sont, à les bien examiner, les figures des sept planètes, dont la première est une figure d'homme tenant un soleil, et ainsi les autres portant leur attribut caractéristique qui aide assez à les bien reconnaître. (*Note de l'Auteur.*)

Dieu trois fois saint qu'on y adore en esprit et en vérité, le serment solennel d'intercéder auprès du gouvernement du Roi, pour sa restauration et son rajeunissement. Portons notre vœu aux pieds du premier magistrat de ce vaste et populeux département, de ces cantons si industrieux et si riches ; un seul mot de sa bouche consolidera les fondemens de cet édifice, et restaurera ses parties prêtes à être dévorées par le temps. Tout-à-fait renouvelé par les ordres et par les soins de cet homme ami de la religion et protecteur des sciences et des arts, les régnicoles et les étrangers applaudiront à son amour et à son zèle ; et l'église de l'Épine retentira des louanges d'un Dieu dont il aura réédifié en quelque sorte le sanctuaire, autrefois si fameux par les différens miracles qui y ont été opérés en faveur des fidèles, par la puissante intercession de la Reine des Anges et des hommes (si nous devons en croire les procès-verbaux qui s'en conservent encore dans les archives de cette église) ; sanctuaire, autrefois aussi, non moins célèbre par la visite et par les dévotions de la princesse de Bade-Baden, venant de son pays à Sarry, près de Châlons, où elle devait épouser M.ᵍʳ le duc d'Orléans ; par la visite et par les dévotions, j'ajoute par l'offrande qu'y fit, en 1725, la princesse de Pologne, fille du roi Stanislas, venant de Strasbourg en France pour y épouser Louis xv ; pélérinage enfin des plus renommés de la Champagne, visité par tant d'autres illustres personnages tant de la France que des autres royaumes. L'église de l'Épine n'attend plus que les ordres et les soins de M. le baron de Jessaint pour voir sa restauration s'opérer ; restauration si désirée de tous ceux qui se piquent encore aujourd'hui de quelques sentimens de christianisme, et de tous ceux qui aiment et cultivent les sciences et les arts dont il se montre le véritable protecteur. La reconstruction des belles flèches ou pyramides en pierre qui ornent si avantageusement les deux tours de la cathédrale de Châlons, lui

confirment ces beaux , ces honorables titres d'ami et de
protecteur des beaux arts ; que son zèle ajoute encore
quelque chose seulement dans la restauration de l'église
pour laquelle je fais des vœux si ardens et si sincères ,
et qui est si digne d'intérêt et de conservation ; et ceux
de ses administrés seront remplis (1).

C'est par quelques observations sur les réparations
urgentes que demande l'extérieur de notre église, que
je veux terminer ma lettre trop longue sans doute par
ses détails , par ses explications et par ses applications ;
je n'abuserai point davantage de la patience du lecteur ;
et quelques mots encore vont suffire pour ce dont il me
reste à l'entretenir.

L'église de l'Épine, bâtie dans le cours de deux siècles
successeurs de deux autres qui venaient d'enfanter les
plus beaux ouvrages d'architecture, improprement dite
gothique, en est une copie trop précieuse pour la laisser
périr. La couverture, par exemple, qui est en grosses
tuiles courbes, est fort mauvaise ; pourquoi ne pas dé-
barrasser et alléger les voûtes de cette masse nuisible,
et lui substituer plutôt l'ardoise qui lui conviendrait le
mieux et serait de plus longue durée, puisque la char-

---

(1) Au temps où j'écrivais pour la première fois la description
de l'église de l'Epine, tel était le triste aspect qu'elle offrait à la
vue de tous ceux qui la visitaient ; et si j'ai conservé le récit de
ses nudités et de ses dégradations, fruit d'une révolution athée , ce
n'a été que pour relever davantage les sacrifices communs de la piété
des fidèles et de l'admiration des amis des arts , qui , par les soins
autant que par le zèle du digne pasteur qui la gouverne , et par la
sage administration des membres de la fabrique de cette église,
en ont fait depuis cette année (1824), un palais vraiment digne du
Saint des Saints qui l'habite, et qui y est toujours présent au milieu
des fidèles qui s'y rassemblent en son nom et pour le prier avec
ferveur, sous l'invocation et par l'intercession de la très-sainte
Vierge , mère commune des chrétiens. De sorte que l'on peut dire
aujourd'hui que ce beau temple est un des mieux restaurés et des
plus intéressans à voir dans toute la France. (*Note de l'Auteur*).

pente, étant plate, n'est point fatiguée, comme les toi‑
tures élevées de nos grands édifices, par les pluies et
par les orages ? Ces tuiles, vendues avantageusement
dans les campagnes voisines, aideraient à leur rempla‑
cement par des ardoises de bonne fabrique : première
réparation.

Le contour, et notamment le portail de l'église, a
beaucoup de parties délabrées et prêtes à tomber de
vétusté ; plusieurs mêmes sont déjà disparues, et ne
présentent çà et là, et de côté et d'autre, que des dé‑
fectuosités et des ruines. Que M. le Préfet interpose son
crédit et son autorité ; qu'il donne ses ordres, et tout
alors se replacera, tout se réparera. On a employé plu‑
sieurs années à applanir le terrein qui porte avec or‑
gueil ce bel édifice, à apporter les bois, les pierres et
les autres choses nécessaires pour sa construction ; tous
les habitans de Courtisols et de Melette ont quitté alors
leurs charrues pour aller chercher des pierres jusque
dans le fond de la Lorraine. Ces derniers aussi, exces‑
sivement fatigués par les guerres du temps, qui dévas‑
taient et rendaient désertes leurs habitations, sont ve‑
nus, ainsi que ceux du village de la Croisette (1), près
de Châlons, détruit alors en partie, s'établir autour de
cette basilique, en la couronnant et la protégeant même
des maisons qu'ils y bâtirent avec les débris de celles

---

(1) On voyait encore, en 1736, une grande croix de pierres dures,
qui avait été construite au lieu même où était l'église du village,
laquelle est tombée en ruine les années suivantes, et fut remplacée par
une seconde qui disparut à l'époque de la révolution, fin du 18.ᵉ
siècle. Depuis la restauration du culte catholique, au commencement
du 19.ᵉ, une troisième en fer a pris la place des deux précédentes,
en ce même endroit appelé encore aujourd'hui *la Croisette*. Ce fut
dans cet ancien village que s'étaient retranchés les Anglais et les
Bourguignons, qui étaient venus au nombre d'environ 8,000 com‑
battans, selon le rapport de Belforest. Ce fut aussi en ce même endroit
qu'il furent défaits en 1431. *Manuscrit anonyme sur Châlons.*

qu'ils étaient contraints d'abandonner ; les palissades qui servirent, autour de l'église, de refuge aux habitans du pays et des villages circonvoisins, qui suspendirent à des crochets de fer que l'on voit encore au dedans et au dehors de l'édifice, leurs effets de guerre, et y atta-chèrent à des anneaux leurs bestiaux, pendant le siege que les Anglais firent de cet édifice, et qui fut si vail-lamment soutenu par tous ces jeunes gens des villages circonvoisins rassemblés, et si sagement commandés par le seigneur du lieu : tant d'amour et de sacrifices si dignes d'être consacrés à la postérité ; tant de zèle et de valeur seraient-ils donc supérieurs pour nous à ceux que demandent à notre siècle régénéré dans la foi et dans l'amour de la monarchie légitime, les réparations urgentes d'un temple devenu, dès ses commencemens, le séjour des merveilles de Dieu ; d'un temple dont la dévotion des peuples a immortalisé le nom et sanctifié la poussière qui porte son majestueux volume, et voile au dévot chrétien, comme à l'ami des sciences et des arts, les respectables fondemens creusés sur une terre de miracle ; d'un temple enfin, forteresse inexpugnable et si bien défendue de la fureur barbare de ces ennemis jaloux de la célébrité de leur compatriote, qui a échappé miraculeusement à la hache révolutionnaire de notre siècle, et qui, aujourd'hui encore, a droit à notre vénération et à tout notre amour ?

Non, ces sacrifices de nos jours sont un million de fois inférieurs à ceux qui ont élevé le monument que je viens de décrire, et nous devons compter autant sur le zèle et sur l'amour de M. le Préfet de notre departe-ment, pour tout ce qui appartient aux beaux-arts, que sur la pieuse munificence de notre Roi très-chrétien et de son auguste famille.

En effet, je vois tous mes vœux, en faveur de l'église de l'Épine, s'accomplir. Dieu, sans doute par un effet de sa divine sagesse, m'avait réservé le bonheur de terminer cette description, en apprenant à notre département, à toute la France, même aux savans et illustres étrangers qui viennent visiter, avec un plaisir toujours nouveau, l'église de l'Épine, que Sa Majesté, instruite de l'accident que ce beau temple vient d'éprouver par le feu du ciel, a accordé, pour aider à sa restauration, une somme de 1000^f prise sur sa cassette.

Fidèle sujet du Roi et ministre de sa maison, M. Ambroise-Polycarpe de la Rochefoucault, duc de Doudeauville, a voulu imiter la générosité de son maître, en envoyant une même somme prise sur ses épargnes.

Je dois faire connaître à la gratitude des siècles la générosité des étrangers qui, surtout depuis la restauration de la monarchie et le rétablissement de la religion, a aidé à la conservation autant qu'à l'embellissement de notre belle église; église qu'on les voit venir visiter avec un plaisir toujours nouveau.

Je serais ingrat à l'égard de mes compatriotes, si je ne disais ici, à leur louange, que leurs généreuses offrandes se sont quelquefois mêlées avec celles de nos voisins.

Ce serait aussi peu connaître l'empressement ordinaire de la veuve et du pauvre à déposer pieusement leurs deniers dans cet auguste sanctuaire, et devant l'image miraculeuse de la Reine des Anges et des hommes, si je ne faisais remarquer qu'une telle munificence doit le disputer, quelle qu'elle soit, à toutes les riches offrandes des puissans et des grands.

Une des plus riches possessions de l'église de l'Épine, celle que Dieu vient de lui accorder dans sa miséricorde et par un pur effet de sa providence, c'est le pasteur qui la gouverne (1). Quoique sa modestie me commande

---

(1) M. l'abbé Brisson, ex-principal du collége de la ville de Châlons, Chanoine honoraire de l'Eglise cathédrale de cette ville, curé de l'église de l'Epine.

le silence sur ses talens, ses vertus et ses qualités, elle me laissera libre, je l'espère, de dire que ce ministre, selon le cœur de Dieu, à le zèle ardent de sa sainte maison ; qu'il travaille avec beaucoup de soin à sa restauration et à son embellissement, en intéressant pour cela la générosité des princes français, des magistrats, des nobles, et des chrétiens de tous les rangs et de toutes les conditions, surtout des étrangers qui passent si fréquemment par l'Épine, et qu'il invite si gracieusement à visiter le beau temple qui en fait l'ornement et toute le célébrité.

Mais, en rendant hommage à la pieuse générosité des bienfaiteurs de l'église de l'Épine, puis-je bien joindre mon offrande aux leurs, en accordant bien volontiers le bénéfice de la vente de mon ouvrage pour le luminaire de l'office divin, et pour la décoration de ce beau temple.

C'est par ce vœu, c'est par cette preuve de mon zèle et de mon amour pour la maison de Dieu, que je voulais terminer la description que j'en ai faite, autant pour l'admiration que pour l'édification des siècles.

POVILLON-PIÉRARD (de Rheims).